Jean-Claude Parfait Ekomi Aboue

Culte de Louange et Adoration

Jean-Claude Parfait Ekomi Aboue

Culte de Louange et Adoration

L'ère des vrais Adorateurs III

Éditions Croix du Salut

Imprint
Any brand names and product names mentioned in this book are subject to trademark, brand or patent protection and are trademarks or registered trademarks of their respective holders. The use of brand names, product names, common names, trade names, product descriptions etc. even without a particular marking in this work is in no way to be construed to mean that such names may be regarded as unrestricted in respect of trademark and brand protection legislation and could thus be used by anyone.

Cover image: www.ingimage.com

Publisher:
Éditions Croix du Salut
is a trademark of
Dodo Books Indian Ocean Ltd., member of the OmniScriptum S.R.L Publishing group
str. A.Russo 15, of. 61, Chisinau-2068, Republic of Moldova Europe
Printed at: see last page
ISBN: 978-620-3-84186-2

Culte de Louange et Adoration
L'ère des vrais Adorateurs III

AVANT PROPOS

C'est toujours un plaisir pour moi de partager avec vous, ces quelques lignes qui ont pour but de vous rapprocher de notre Seigneur Jésus ; le but véritable et ultime de l'Eglise étant de partager Son intimité avec le Maitre.

Je n'omets guère les missions parallèles du Salut des âmes. Mais, tout se résume pour Dieu notre très cher Père, à passer le temps ; sinon l'éternité avec les hommes qu'IL a créé et qu'IL aime tant.

Et oui ! **Jean 17 : 3** « *Or la Vie éternelle est qu'ils Te connaissent Toi le seul vrai Dieu et Celui que Tu as envoyé, Jésus-Christ* ». **Louis Segond**.

Un temps de partage de Sa gloire, de la Connaissance de Son immensité, de Sa puissance, de Son autorité… Et tout cela dans un climat de Louange et Adoration, En un mot, « **Culte** ». C'est cela la promesse de notre éternité avec Jésus notre Seigneur !

Aussi avons-nous jugé utile, de partager avec vous cet enseignement sur le Culte. Et quand je dis-nous, je m'associe éventuellement à mon Ami fidèle le Saint-Esprit, qui m'a mis à cœur de le faire ; sous l'impulsion de notre Seigneur Jésus. Afin que l'Eglise, puisse expérimenter, mieux, vivre des temps glorieux de Louange et d'Adoration dans la Présence de notre Seigneur et Sauveur Jésus-Christ.

Je n'ai plus qu'à vous souhaiter, une grâce abondante et un renouvellement d'intelligence et un amour toujours débordant pour Jésus notre Maitre, sans oublier puisque c'est le sujet de notre livre, des moments formidables dans vos cultes de louanges et Adorations. Tout cela dans le beau et précieux Nom de Jésus notre Seigneur !

Daniel.

LA PENSEE DE L'ETERNITE

Une des choses que l'Eternel Dieu n'a pas manqué d'enfuir en l'homme est la pensée de l'éternité, la conscience d'une vie supérieure à l'espèce humaine, qui régit toutes choses dans la Création.

Romains 1 : 19-20 « *Car ce qu'on peut connaître de Dieu est manifeste pour eux, Dieu le leur ayant fait connaître.*

En effet, les perfections invisibles de Dieu, Sa puissance éternelle et Sa divinité, se voient comme à l'œil, depuis la Création du monde, quand on les considère dans Ses ouvrages… » **Louis Segond**.

Bien que plusieurs se soient mis à philosopher sur Son existence, n'en demeure qu'ils ont eu les preuves de Son existence ; de par la Nature et l'Univers qu'ils contemplent au quotidien. Et sont par conséquent, sans excuse quant à une éventuelle plaidoirie de leur part au Jugement dernier. Ayant accepté le mensonge comme repère, au-delà de la conviction que met en nous le Saint-Esprit. Ils sont donc inexcusables.

Romains 1 : 21-25 « *Puisque ayant connu Dieu, ils ne l'ont point glorifié comme Dieu, et ne Lui ont point rendu grâces ; mais ils se sont égarés dans leurs pensées, et leur cœur sans intelligence a été plongé dans les ténèbres.*

Se vantant d'être sages, ils sont devenus fous ;

Et ils ont changé la gloire du Dieu incorruptible en images représentant l'homme corruptible, des oiseaux, des quadrupèdes, et des reptiles.

C'est pourquoi Dieu les a livrés à l'impureté, selon les convoitises de leurs cœurs ; en sorte qu'ils déshonorent eux-mêmes leurs propres corps ;

Eux qui ont changé la Vérité de Dieu en mensonge, et qui ont adoré et servi la créature au lieu du Créateur, qui est béni éternellement. Amen ! » **Louis Segond**.

En effet, de par sa définition ; selon l'enseignement que m'a donné le Saint-Esprit ; la pensée est un dialogue que nous avons avec un esprit ; un esprit qui peut être de nature diverse ou différente. Et de ce dialogue, notre âme choisit ce qui lui plait à obéir. C'est pourquoi, ils sont sans excuses.

Car ayant, devant leurs yeux la preuve de l'existence de Dieu et le témoignage du Saint-Esprit, ils ont choisis de renier la Vérité, et de suivre leur cœur égaré et plongé dans les ténèbres. Ils ont choisis de l'enseigner à leurs enfants, dans leurs écoles et d'en faire une norme. Frayant par là-même, des chemins tracés pour l'enfer à leurs descendants. Ils ont reniés le Saint, adorés des hommes et rejetés l'évangile ; la réconciliation des hommes avec Dieu, en Jésus notre Seigneur.

I Corinthiens 1 : 21 *« Car puisque le monde, avec sa sagesse, n'a point connu Dieu dans la Sagesse de Dieu, il a plu à Dieu de sauver les croyants par la folie de la prédication.* » **Louis Segond**.

Oui

Jean 1 : 14 « *La Parole a été faite chair, et Elle a habité parmi nous, pleine de grâce et de vérité ; et nous avons contemplé Sa gloire, une gloire comme la gloire du Fils unique venu du Père »*. **Louis Segond**.

La Parole a été faite chair **Jean 3 : 16** « *...Afin que quiconque croit en ELLE ne périsse point, mais qu'il ait la vie éternelle ».*

LA GLOIRE DE DIEU

Exode 20 : 1-6 « *Alors Dieu prononça toutes ces paroles, en disant :*

Je suis l'Eternel, ton Dieu, qui t'ai fait sortir du pays d'Egypte, de la maison de servitude.

Tu n'auras pas d'autres dieux devant Ma face.

Tu ne te feras point d'image taillé, ni de représentation quelconque des choses qui sont en haut dans les Cieux, qui sont en bas sur la Terre, et qui sont dans les Eaux plus bas que la Terre.

Tu ne te prosterneras point devant elles, et tu ne les serviras point ; car Moi, l'Eternel, ton Dieu, ***Je suis un Dieu jaloux****, qui punis l'iniquité des pères sur les enfants jusqu'à la troisième et la quatrième génération de ceux qui me haïssent,*

Et qui fait miséricorde jusqu'en mille générations à ceux qui M'aime, et qui gardent Mes commandements. » **Louis Segond**.

Une des choses qui suscite la jalousie de Dieu, est le fait qu'on Lui préfère au détriment de Sa Personne de choses viles, sans réelle valeurs. Et que nous comparons Sa gloire, à de simples objets matériels, fait de mains d'hommes.

Dieu est glorieux, au-dessus et au-delà de toute description humaine ! La gloire de Dieu ne peut être décrite avec justesse de mot. Même en l'approximant, par notre vocabulaire, nous nous trouvons néanmoins loin du compte. La grâce dans tous ceci est que Dieu regarde au cœur et non pas uniquement à l'expression de notre bouche. C'est le pourquoi, il peut agréer nos louanges et Adorations. Car, nul ne saurait décrire avec exactitude la grandeur de notre Dieu. Même l'éternité marque sa limite dans cet exercice. Car Dieu est un Océan de révélation avec Sa profondeur. Et nous apparaissons une goutte dans cet océan.

Jean Baptiste s'est écrié : **Jean 1 : 27** « *Je ne suis pas digne de délier la courroie de Ses souliers.* » **Louis Segond**.

En d'autres mots, je ne mérite pas de lui ôter les lacets de Ses sandales. IL est immense notre Dieu ! Paul à résolu de renoncer à toutes choses à cause de l'excellence de la révélation de la gloire sinon la grandeur de notre Dieu. ***cf Phillipiens 3 : 8*** . Moïse en a soupiré, d'avoir le privilège de voir Sa gloire. Et son visage en rayonnait. ***cf Exode 34 : 35***. Le psalmiste s'est écrié : lorsqu'on tourne les regards vers Toi, notre visage ne se couvre pas de honte. ***cf Psaumes 34 : 35***.

La gloire de Dieu c'est la raison pour laquelle, toute la Création se prosterne devant Lui ; et tout cela avec amour et passion. Car IL est la Lumière de toute la Création ; le sens de l'existence.

Apocalypse 21 : 22-23 « *Je ne vis point de Temple dans la ville ; car le Seigneur Dieu tout puissant est Son temple, ainsi que l'Agneau.*

La ville n'a besoin ni de soleil ni de la Lune pour l'éclairer ; car la gloire de Dieu l'éclaire, et l'Agneau est Son flambeau. » **Louis Segond**.

Dieu est réellement glorieux et bien plus que ne peut l'imaginer la conscience humaine. IL est plus beau que toute Sa Création. Sa Création n'est que l'empreinte sinon, un aperçu de Sa Majesté, de Sa magnificence.

Oui, nous avons reçu l'insigne honneur de chanter Sa gloire, Sa majesté, Sa grandeur, Sa beauté, Sa grâce, Son amour, Sa bienveillance, Sa fidélité, Sa domination, Son règne éternel.

Car la gloire de l'éternel remplira la Terre entière. Et nous annonçons cela, au reste de la Création qui n'avait pas encore eu le témoignage de la grandeur de notre Dieu : de « ***YESHUA HA MASHIA*** ».

Et nous trouvons notre raison de vivre, dans l'excellence et le plaisir que nous mettons à le servir, Lui et Lui seul.

LE MYSTERE DERRIERE LA LOUANGE ET L'ADORATION

Il y a un combat que le diable mène contre l'Eglise ; c'est celui qui l'oppose aux vrais adorateurs. Ce qui par leurs cantiques sont capables de faire descendre Jésus-Christ sur la Terre et d'établir le Royaume des Cieux au milieu des hommes. Ces hommes et ces femmes qui sont capables d'apporter au Père un culte spirituel et conforme à la Vérité.

Il n'ignore en effet, pas la puissance de la Louange et l'Adoration, pour avoir eu à servir dans ce compartiment ; l'impact de ce service dans le cœur de Dieu notre Père.

La louange et l'Adoration brisent les protocoles de longues attentes, qui perdurent dans nos vies. Elles ouvrent au monde des privilèges de Dieu ; bien plus que ne le feraient la prière et l'intercession. Lorsqu'elles sont faites, sinon, conduite ou dirigées par de vrais adorateurs. C'est cette vérité qui pousse le diable à s'acharner, sur tous ceux qui composent ce département.

Un rassemblement de vrais adorateurs à plus d'impact, qu'un rassemblement d'intercesseurs dans le Royaume des Cieux. Non point à négliger, ou à mépriser, le travail des intercesseurs lui, couvre la carence d'adorateurs dans le pays.

Ezéchiel 22 : 30 « *Je cherche parmi eux un homme qui élève un mur, qui se tienne à la brèche devant Moi en faveur du pays, afin que Je ne le détruise pas ; mais Je ne trouve point* ». **Louis Segond**.

Un pays d'adorateurs c'est le règne de Dieu ; sinon de notre Seigneur Jésus qui est établi. L'intercesseur priera en temps de tiédeur et froideur spirituelle, pour un réveil de la nation. Le résultat de son intercession sera, la montée d'une ère nouvelle d'adoration ou d'Adorateurs de Jésus-Christ de Nazareth dans le pays. Cette montée d'adorateurs aura pour conséquence de plongé le pays, dans une paix profonde avec Dieu et un changement radical de manière de pensée et d'agir du plus grand nombre dans le pays.

L'adoration à Jésus-Christ reste l'arme ultime pour l'établissement de Son règne sur nos pays. Sans pour autant, omettre l'intercession et le reste. Elle oblige le Royaume des Cieux à venir coloniser, ce territoire où s'élève ces louanges ou adorations.

Ce qui explique que le diable, combat avec ténacité et de manière farouche les adorateurs.

Le cœur de Dieu se trouve, sinon s'incline facilement au moyen de la Louange et de l'Adoration, lorsqu'IL est en présence de vrais adorateurs.

Psaumes 18 : 4 « *Je m'écrie : Louez soit l'Eternel ! Et je suis délivré de mes ennemis.* » **Louis Segond**.

Le mystère de la Louange et de l'Adoration est immense, mais il peut se résumer à ramener, sur la Terre, les hommes à aimer leur Créateur, et à se passionner pour Lui. Oui ! A se passionner pour Lui !

Car Dieu cherche de vrais adorateurs. En d'autres termes de vrais amis, et non pas uniquement des serviteurs voués à leurs tâches. Ils cherchent des hommes, femmes, des jeunes gens et enfants qui, veulent réellement vivre en amitié avec Lui.

LE PRIX DE LA CONSECRATION

Marc 10 : 35-38 *Les fils de Zébédée, Jacques et Jean, s'approchèrent de Jésus, et Lui dirent : Maître, nous voudrions que tu fisses pour nous ce que nous Te demanderons.*

IL leur dit : Que voulez-vous que Je fasse pour vous ?

Accorde nous, Lui dirent-ils, d'être assis l'un à Ta droite et l'autre à Ta gauche, quand Tu seras dans Ta gloire.

Jésus leur répondit : Vous ne savez ce que vous demandez. Pouvez-vous boire la coupe que Je dois boire, ou être baptisés du baptême dont Je dois être baptisé ? Nous le pouvons, dirent-ils. **Louis Segond**.

J'ose espérer, tout comme les apôtres que vous êtes pleins d'enthousiasme également quant à l'idée, d'être ces vrais adorateurs que notre Père recherche tant. Alors pour nous rassurer, nous parlerons du Prix de notre consécration.

Qu'entend-t-on par payer le Prix de notre vocation ?

Payer le Prix, s'est accepté de subir toutes les privations, et douleurs nécessaires à l'accomplissement de la volonté de Jésus dans nos vies. Celles qui sont mises devant notre chemin, par le diable et ses agents, tout cela, pour obtenir l'excellence de Dieu ; de Jésus.

En d'autres mots, c'est choisir de nous tenir dans les standards du Ciel, dans la ligne de conduite qui plait à Jésus notre Seigneur, en dépit des douleurs émotionnelles et physiques que nous pouvons subir. Et ceci tout le temps nécessaire que cela me prendra pour entrer dans l'accomplissement de la promesse que Jésus m'a faite.

Si vous êtes de cette trempe, alors je suis sûr d'une chose : c'est que vous êtes un de ces Adorateurs que notre Père recherche. Mais, je dirai qu'IL ne vous cherche plus. IL vous a trouvé. ☺ ☺

Pourquoi se consacrer ?

Au-delà de tout, nous devons garder à l'esprit que sans consécration nous serions des vases destinés à un usage vil ; sans grand intérêt pour le Royaume des Cieux. Cela favoriserait plutôt le monde des ténèbres ; un évangile ou un service sans la manifestation de la puissance du Saint-Esprit ; puissance de conviction de péché, puissance de délivrance des œuvres des ténèbres est une lettre morte.

En réalité ce n'est guère la puissance du Saint-Esprit qui dicte notre consécration. C'est le désir de Le connaitre, de Le servir d'un cœur sincère et vrai qui nous conduit à cette consécration. De ce fait, le Saint-Esprit rend témoignage de Jésus notre Seigneur, des plus naturellement possible. Car, le cœur qui Le recherche est simple, vrai, dans sa recherche. Il est alors devenu, une habitation sainte dans laquelle, IL prend plaisir à demeurer.

La consécration du vase est indispensable, pour servir le Seigneur Jésus. Arrive un temps si l'on doit obliger un chantre à se consacrer, c'est qu'il ne réalise même pas la faveur qu'est sienne, d'avoir à servir le Seigneur Jésus.

La consécration ne vise pas nécessairement à faire des miracles, au-delà de l'impact qu'elle laisse dans la vie des hommes, elle nous permet nous chantres, à garder notre lampe allumée, avec de l'huile ; afin de ne pas manquer le retour imminent de notre Seigneur Jésus, qui viendra prendre Son épouse, qui L'aime.

Or, nous chantres, notre ministère, est un ministère d'amour et de fidélité à Jésus. Comme celui d'une épouse envers son époux. Et nous devons servir notre Epoux comme une bonne Epouse devrait le servir. Car, nous avons reçu ce privilège et un ministère éternel. C'est pourquoi, pas besoin pour nous, d'avoir à être remorqué comme un véhicule, en plein milieu de la chaussée. Mais notre amour doit dicter notre marche et notre consécration. C'est à cela que Jésus notre Seigneur nous appelle et attend.

Rendons-Lui gloire, pour cela ; pour ce privilège ; chanter Son règne éternel.

O ! Merci Jésus !

LOUANGE DE L'AME ET DE L'ESPRIT

LOUANGE DE L'AME

Il est possible de chanter des chants, en mentionnant le Nom de Jésus sans aucun impact dans la vie du Peuple. C'est ce que l'on qualifie de Louange de l'âme ; qui émeut uniquement, sans aucun impact dans notre quotidien.

Ce type de louange favorise l'ambiance au détriment de notre Seigneur Jésus. Je ne fustige guère la bonne ambiance.

Mais, ces louanges que l'on qualifie de louanges de l'âme, éclipse totalement le Seigneur Jésus et s'apparente à des chants païens. Quant au rythme et mélodie joués, qui ne traduisent en rien le Royaume des Cieux. On pourrait même, les jouer dans des cérémonies païennes sans pour autant, que cela produise une certaine gêne dans ces milieux. Du fait du rythme, qui leurs permettent de ne pas être dépaysé du milieu païen.

Mon propos n'est nullement que, les temps de Louanges doivent ressembler à des soirées mortuaires. Mais je laisse le Seigneur Jésus, retranscrire parfaitement ce que je sous-entends.

Jésus *« L'objectif étant que par la Louange et l'Adoration, le Peuple soit conscient de Ma Présence dans leur quotidien. Qu'il bénéficie du réconfort que procure Ma Présence et des multiples grâces qui s'y déversent. Mais, surtout que Je puisse les rencontrer dans une intimité réciproque ; voulu des deux parties ; Grâce à des cantiques qui font naître, la passion, la dévotion, la soif, le désir et l'amour d'être toujours en Ma Présence.*

Que les temps de festivité dans la Louange ne fassent pas penser à une récréation où, l'on oublie l'objet de la louange ; où l'on favorise la bonne ambiance au détriment de Ma Personne. Que le plaisir y soit, dans la sincérité et la Vérité des cœurs. ».

Assez simple et clair, à mon sens pour être compris. Il est souvent mieux parfois, lorsqu'on est coincé de laisser le Seigneur, nous inspirer. Qu'en pensez-vous ?

Donc, ce type de louange ne participe en rien, à l'éclosion d'adorateurs. Elles ne sont que pour la plupart axées sur les émotions et les sensations. Mais, au sortie de ces temps, pas grand-chose aura été planté dans l'esprit des saints, ayant pris part à ces temps ; si ce n'est l'enfantillage spirituel.

Il est donc plus qu'urgent de distinguer, cette instruisions du royaume des ténèbres dans nos réunions au travers de ces soient disant cantiques. Qui dans le fond, ne sont d'aucun intérêt pour le Corps de Christ. Et nous font demeurer ou régresser dans les parvis extérieurs de la Présence de notre Dieu.

LOUANGE DE L'ESPRIT

LE SON

Le monde de l'inspiration est le patrimoine du Saint-Esprit. L'excellence dans la Louange ou l'Adoration est l'œuvre conjugué du chantre et du Saint-Esprit. La pauvreté constaté dans nos assemblée en matière de son, est due à un manque d'intimité entre le chantre et le Saint-Esprit, sans oublier la consécration qui doit l'accompagner.

Il y a des sons, des mélodies qui n'attendent qu'à être joués par des hommes et femmes spirituels. Des hommes ou femmes intimement liés au Saint-Esprit. Des sons qui vous transporteraient aisément dans la Présence glorieuse de notre Seigneur Jésus.

Le son est avant tout divin ; de par son origine. Il traduit la pureté du cœur de l'adorateur, sa place dans le cœur de notre Père.

Il y a un niveau d'inspiration qui ne peut être atteint que par les intimes de Jésus notre Seigneur. Notamment, dans la conception des mélodies venues du Ciel. Ce n'est pas le fruit d'un pur hasard, que d'avoir à composer des mélodies venues du Ciel. Il faut d'abord, sinon au préalable être un être spirituel.

Rappelons au passage, qu'un être spirituel, est une personne qui se soucie du domaine de l'Esprit, et qui en connait les voies. En d'autres termes qui sait opérer spirituellement.

Le son doit être reconsidérer dans l'Eglise. Le son transporte la Présence de l'Eprit qui l'inspire et le Service angélique, qui a été mis en place derrière sa conception. Afin d'atteindre les buts recherchés.

Oui, le Saint-Esprit inspire toujours. Pourvu que nous nous passionnant dans le Dieu de notre Salut ; en Jésus notre Seigneur.

Jean 14 : 26 *Mais le Consolateur, L'Esprit Saint que le Père enverra en Mon Nom, vous enseignera toutes choses, et vous rappellera tout ce que Je vous ai dit.* **Louis Segond**.

Le son est divin, (nous sommes dans l'analogie de la foi) il ouvre ou ferme le Ciel au lieu, où il est joué. Car, il traduira toujours le niveau d'intimité du chantre, du musicien ; la grâce qui est sienne ; si, il est habitué aux parvis intérieur ou extérieur de notre Dieu, ou si, il est un habitué du lieu saint, ou encore un habitué du lieu très saint. Automatiquement, nous sommes orientés dans la rubrique correspondant, au niveau spirituel, de l'auteur ; du compositeur.

Disons, qu'il y a pratiquement similarité entre le son et le cantique de louange, qui est l'habillage du son par des paroles audibles. Mais si, je devais expliquer la légère différence, je dirais que le cantique représente, une photographie qui capte et conserve l'onction du Saint-Esprit, dans la vie du chantre au moment de sa production. Le cantique pouvant conserver l'onction du Saint-Esprit et le déversement de puissance associé à ce cantique.

Ce qui se comprend aisément, si nous nous attardons sur le chant de Victoire N° 44 ***A Toi la gloire*** d'**Edmond Budry (1885)**. Ou encore le Chant de Victoire N° 377 ***Dieu Tout Puissant***. Ou encore le Chant de Victoire N° 234 ***Quel Ami Fidèle et Tendre***.

Au-delà, des siècles, décennies et générations, ils conservent toujours, la même puissance et onction. Ils l'ont conservé et font toujours du bien, à de nombreuses générations d'adorateurs et de saints. Et ils ont cette fâcheuse tendance, à toujours ouvrir le Ciel au lieu, où ils sont entonnés, joués, ou encore chantés.

La particularité d'un son ou d'une louange ou adoration spirituelle est de réveillée les esprits humains. Car,

Jean 3 : 6 « *ce qui est né de la chair est chair, et ce qui est né de l'Esprit est Esprit.* » **Louis Segond**.

Seul, les cantiques spirituels ont la puissance de conviction de péché, de justice et de jugement. Ainsi que la puissance, de nous garder dans la réalité de la foi ; en Jésus notre Seigneur.

Il est plus que primordial, je dirai vital pour nous de revenir à l'Esprit. Afin d'apporter à notre Père céleste un Culte spirituel et conforme à la Vérité.

Et pour cela, le Son, ainsi que les cantiques spirituels doivent retrouver leur place dans les cultes de Louange/Adoration ou d'autres services où les chantres sont exigibles à participer.

LA DIRECTION DU CHANT

Nous l'avons compris de ce qui précède, le choix des cantiques est très important ; quant à la manifestation du Saint-Esprit dans le dit lieu de Culte. La Présence du Saint-Esprit est garantit par des cantiques spirituels. Ainsi que le service angélique.

Le décor du Culte de louange est planté grâce aux cantiques chantés. Par décor, nous sous-entendons la manifestation ou pas du Saint- Esprit durant notre ministère ou service de chantre.

Bien que nous l'ayons compris, il ne faudrait pas oublier que le choix de cantiques spirituels est un premier point ou atout. Evidemment, les temps de Cultes de Louanges/Adorations suivent une progression que nous allons aborder.

CONSERVATION DE L'ATMOSPHERE SPIRITUELLE

Un répertoire de Louange et Adoration devra toujours suivre une croissance dans l'onction, durant le Culte. Et pour cela, le chantre devra veiller à ordonner les cantiques dans un ordre croissant, dans l'onction. Lorsqu'à défaut, il n'arrive encore guère à être sensible à la voix du Saint-Esprit, pour se laisser guider en plein Culte, il devra veiller à écrire la progression de ses cantiques, sur un papier. Qu'il aura soin de suivre.

Quel danger encourons-nous ?

Le danger auquel nous courons est de stopper maladroitement, l'action des saints anges dans le lieu de Culte, lorsque, nous ne veillons point à ce détail.

Et à ce propos, lorsque nous avons atteint un certains niveau de sensibilité spirituelle, il nous est possible, d'entendre les anges affectés à notre ministère jouer de leurs instruments prêt de nous ; voire chanter. Et nous pouvons suivre leur progression, pour nous permettre de savoir si nous devons passer ou pas à un autre cantique. Et souvent même les variantes etc…

Si nous revenons, sur les dangers encourus, nous comprenons que des cantiques, qui ne respectent pas la rigueur spirituelle de la progression dans l'onction, laisse une lucarne de tir, aux esprits impurs durant le Culte.

Et dans l'esprit, du peuple cela ressemblerait à une douche froide ; voire glacée, cela vous sort complètement de la grâce pour vous renvoyer en arrière. Franchement, rien de plaisant ! Je vous laisse imaginer, une personne qui se trouverait dans le Lieu saint, et qui par maladresse se voit renvoyer dans les parvis.

Nous devons faire attention maintenant, pour conserver l'onction et sa progression durant les temps de Louange/Adoration.

ATMOSPHERE DU CULTE

Le culte de Louange/Adoration peut revêtir deux habits principaux, que nous appellerons dans notre livre atmosphère.

Pour ce qui est des différentes atmosphères, nous noterons :

- Atmosphère de Célébration ou Louange.

✓ Gloire (Grandeur, Majesté, Nom, délivrance etc…).
✓ Son règne (Sa victoire, Puissance, Sa force, Son Autorité, Sa Parole etc…)
✓ Festivité (Joie, danse, Salut, délivrance)

- Atmosphère d'Adoration (Amour, Fidélité, Passion, Sainteté)

Tout au long du Culte, le chantre s'efforcera de respecter, les buts rechercher. C'est-à-dire : est-ce le règne de Dieu que nous voulons célébrer ? Est-ce Sa gloire ? Est-ce des temps festifs ? Est-ce un mixte de ces points ? Tout cela en veillant à la conservation de la progression, des temps dans l'onction, qui se voudra toujours croissante.

Et si nous nous arrêtons un instant, sur ces principaux vêtements que revêt le ministère de chantre ? Je donne mon assentiment dessus. Bon, ok ! On y va.

Culte ou Atmosphère de Célébration

De par son nom, un Culte de Célébration visera à grandir la renommée ou la popularité de Jésus, dans la ville ou la région au sortir des temps de célébrations. Le décor, l'organisation doivent être au rendez-vous, afin d'atteindre cet objectif. Sans oublier, l'aspect lié au caractère que nous avons pris le soin, de détaillé du mieux que possible dans les livres : ***Je veux Te Louer*** et ***Je veux T'adorer.***

I Samuel 4 : 5-6 « *Lorsque l'arche de l'Alliance de l'Eternel entra dans le camp, tout Israël poussa de grands cris et la Terre en fut ébranlée.*

Le retentissement de ces cris fut entendu des philistins, et ils dirent : que signifient ces grands cris qui retentissent dans le camp des Hébreux ? Et ils apprirent que l'Arche de l'Eternel était arrivée au camp. » **Scofield**.

Au-delà, de toute la logistique, c'est plutôt le désir brulant des adorateurs de rendre témoignage par leurs cantiques de la grandeur et de l'immensité de leur Dieu : de Jésus-Christ de Nazareth.

Franchement, je languis après de tels moments, où des milliers de personnes réunis en un seul lieu, change l'Atmosphère spirituelle du pays dans lequel, elles se trouvent. C'est vraiment fantastique ! Juste à l'idée d'y penser, je me sens nettement mieux ! ☺ ☺

II Chroniques 20 : 19-22 *« Les lévites d'entre les fils de Kehathites et d'entre les fils des Koréites se levèrent pour célébrer d'une voix forte et haute l'Eternel, le Dieu d'Israël.*

Le lendemain, ils se mirent en marche de grand matin pour le désert de Tekoa. A leur départ, Josaphat se présenta et dit : Ecoutez-moi, Juda et habitants de Jérusalem ! Confiez-vous en l'Eternel, votre Dieu, et vous serez affermis ; confiez-vous en Ses prophètes, et vous réussirez.

Puis, d'accord avec le peuple, il nomma des chantres qui, revêtus d'ornement sacrés, et marchant devant l'armée, célébraient l'Eternel et disaient : Louez l'Eternel, car Sa miséricorde dure à toujours !

Au moment où l'on commençait les chants et les louanges, l'Eternel plaça une embuscade contre les fils d'Ammon et de Moab et ceux de la montagne de Séir, qui étaient venus contre Juda. Et ils furent battus. » **Louis Segond**.

Nous y reviendrons sur ce passage, un peu plus loin pour notre plus grand bien ! ☺ ☺

Culte ou Atmosphère de Gloire

Le culte ou l'Atmosphère de gloire est le fait, de créer par nos chants (cantiques) un climat favorable à laisser descendre la gloire de Jésus dans le lieu, où nous nous trouverions. Et que cet endroit y soit saturé, de Sa Présence.

L'atmosphère de gloire est toujours couplée à celui de miracle. La gloire traduit la Majesté, la beauté de notre Dieu, retranscrit parfaitement par nos cantiques. Dans l'atmosphère de gloire, il est question de reproduire l'atmosphère du Ciel sur la Terre, par nos louanges et Adorations. Une atmosphère propice au miraculeux, avec des cantiques qui célèbrent la grandeur de notre Dieu. Et il va sans dire que pour atteindre cet objectif, le choix des cantiques, reste également, des plus importants.

Mais l'atmosphère doit être favorable à l'expression de la foi, elle doit à elle seule couvrir 75 %, des efforts à fournir pour être visité par Dieu. C'est un travail de fond, pour y parvenir. Qui demande au chantre d'expérimenter Dieu, sous cette optique. Tout comme Abraham notre Père dans la foi, à expérimenter Jéhovah Jireh, le Dieu qui pourvoit.

Apocalypse 22 : 5 « *Du Trône sortent des éclairs, des voix et des tonnerres. Devant le trône brulent sept lampes ardentes, qui sont les sept esprits de Dieu.* » **Louis Segond**.

Les sept esprits de Dieu ⟹ Qui ne sont que les différentes manifestations du Saint-Esprit.

Culte ou Atmosphère d'Adoration

Le Culte d'Adoration, lui ne vise rien d'autre que la rencontre des adorateurs avec leur Seigneur et Dieu ; Jésus-Christ. C'est en réalité, une rencontre particulière où, l'ensemble des personnes présentes ont pour la plupart expérimentées, ou encore vivent l'amour de Dieu au quotidien, ou dans l'amour de Dieu. Et se retrouvent pour chanter cet amour.

A l'opposé du Culte de célébration, qui lui est ouvert à tous, aussi bien fils du Royaume que païens, le véritable Culte d'adoration lui, est entièrement dédié aux amoureux de Jésus. Car,

Psaumes 33 : 1 « *Justes, réjouissez-vous en l'Eternel ! La louange sied aux hommes droits.* » **Louis Segond**.

La louange ⟹ L'adoration.

Psaumes 84 : 2-3« *Que Tes demeures sont aimables, Eternel des armées ! Mon, âme soupire et languit après les parvis de l'Eternel, mon cœur et ma chair poussent des cris vers le Dieu vivant.* »**Scofield**.

Je ne dis nullement, de mettre dehors toute personne ne remplissant pas ces critères. Ma pensée est la suivante : « Pour expérimenter ou vivre ces temps, il serait souhaitable d'avoir une assemblée d'amoureux de Jésus ».

Sinon, nous aurons un culte à deux visages : Alors que d'autres adorent certains, se rongeraient les ongles. Car, ils sont étrangers à la Présence de Jésus, ils ne vivent pas dans Son amour. Ce qui explique, leur évasion durant les temps d'adorations.

Les temps d'adorations sont des temps puissants ; de par le déferlement de puissance qui les accompagne. Dieu ouvre entièrement le Ciel, au cours d'un Culte véritable d'Adoration. C'est un évènement des plus inimaginables quant aux bienfaits que cela procure, des restaurations de vies, des transformations de vies, des délivrances et résurrections se produisent dans une Véritable atmosphère d'Adoration. C'est le sommet, en termes de gloire ! C'est le Ciel présent sur la Terre ! C'est Dieu saturant à nouveau la Terre, par le ministère des anges déployés durant ces moments, et mis au service des saints.

C'est le pourquoi, Satan combat farouchement ce ministère et les chantres. Vivre dans l'Adoration c'est vivre le surnaturel de Dieu, tous les jours. C'est être sûr toujours d'avoir une irruption de Dieu dans notre quotidien.

Franchement, je le souhaite à vous tous adorateurs de le vivre !

Autres sollicitations du Chantre

La qualité de Chantre, peut amener à leader durant les campagnes d'évangélisations, ou les séminaires d'enseignements.

Le fait est que, bien qu'ayant l'appel de chantre, nous pouvons ne pas être qualifiés pour diriger un séminaire d'évangélisation. Encore moins, un culte d'adoration. Car, les deux étant, entièrement dépendants de l'onction sur la vie du chantre. Cela tombe bien nous en parlerons, pour mieux en saisir la portée.

Revenons alors sur notre verset biblique,

II Chroniques 20 : 21 *« Puis, d'accord avec le peuple,* ***il nomma des chantres*** *qui, revêtus d'ornement sacrés, et marchant devant l'armée, célébraient l'Eternel et disaient : Louez l'Eternel, car Sa miséricorde dure à toujours ! »* **Louis Segond**.

On ne brille pas par hasard. L'onction dans la vie d'un frère ou d'une sœur n'est pas le fruit du hasard ; d'un pur jeu de Loto. L'onction est le choix de Dieu, de Jésus, de se déverser sur la vie de ce frère ou de cette sœur pour atteindre un objectif, bien particulier. Il est très important de comprendre ce que je partage avec vous. Car, ne pas le comprendre très tôt, nous amènerait à combattre Dieu dans son choix.

Exode 31 : 1-3 *«L'Eternel parla à Moïse, et dit :*

Sache que J'ai choisi Betsaleel, fils d'Uri, fils d'Hur, de la tribu de Juda.

Je l'ai rempli de l'Esprit de Dieu, de Sagesse, d'Intelligence, et de savoir pour toutes sortes d'ouvrages.» **Louis Segond**.

Sache que ⟹ il faut que tu acceptes

J'ai choisi ⟹ Je veux le voir positionner

Pour toutes sortes d'ouvrages ⟹ Il est compétent en toutes choses.

Je reviens encore, sur cette phrase, on ne brille pas par hasard dans l'Eglise. On ne porte pas l'onction par le fruit d'un évènement heureux et hasardeux. L'onction est le choix de Dieu.

Que veux-je dire par-là ?

Je vais traduire le passage précédent, pour notre plus grand bien.

II Chroniques 20 : 21 « *L'Eternel parla à Moïse, et dit :*

Il faut que tu acceptes que J'ai posé mon dévolu sur Betsaleel, fils d'Uri, fils d'Hur, de la tribu de Juda.

Je l'ai rempli de mon Esprit de Sagesse, Intelligence et Connaissance, et il est compétent en toutes choses. » **Daniel**.

Si dans l'Eglise, dans le département tu as remarqué la compétence d'un frère ou d'une sœur sur un domaine : Sache que, c'est la volonté de notre Seigneur Jésus qu'il ou elle soit positionné, selon, son domaine de compétence. Car ne l'oublie pas, la grâce a été donné pour l'utilité commune.

I Corinthiens 12 : 7 « *Or, à chacun la manifestation de l'Esprit est donnée pour l'utilité commune.* » **Louis Segond**.

De ce fait, nous paraissons plus mature aux yeux de notre Dieu, lorsque nous ne trouvons pas un sujet de jalousie à observer la compétence d'un frère et à tenter de le détruire, de l'étouffer ou de le tuer du fait de cette compétence, qui elle, est l'œuvre du Seigneur Jésus dans sa vie.

C'est très important ce que je dis.

Saül a jalousé la compétence de David. Et a cherché à le tuer. Sachant en homme oint, que cela ne pouvait provenir que de l'Eternel.

I Samuel 18 : 5-8 « *David allait et réussissait partout où l'envoyait Saül ; il fut mis par Saül à la tête des gens de guerre, et il plaisait à tout le peuple, même aux serviteurs de Saül.*

Comme ils revenaient, lors du retour de David après qu'il eut tué le philistin, les femmes sortirent de toutes les villes d'Israël au-devant du roi Saül, en chantant et en dansant, au son des tambourins et des triangles, et en poussant des cris de joie.

Les femmes qui chantaient se répondaient les unes aux autres, et disaient : Saül a frappé ses mille ; et David ses dix mille.

Saül fut très irrité, et cela lui déplut. Il dit : On en donne dix mille à David, et c'est à moi que l'on donne les mille ! Il ne lui manque que la royauté. » **Louis Segond**.

I Samuel 18 : 15, 14, 12,11 « *Saül, voyant qu'il réussissait toujours, avait peur de lui.*

Il réussissait dans toutes ses entreprises, et l'Eternel était ave lui.

Saül craignait la présence de David, parce que l'Eternel était avec David et s'était retiré de lui.

Saül leva sa lance, disant en lui-même : Je frapperai David contre la paroi. Mais David se détourna de lui deux fois.» **Louis Segond**.

On peut être par la grâce de Dieu, responsable d'un département voire d'une Assemblée, mais ne pas nécessairement être l'homme de la situation. L'homme de la situation peut être cet inconnu qui est dans le département et qui porte l'onction. Si vous l'avez remarqué, ne le tuer pas ou ne l'étouffer pas. Car vous aurez à combattre contre Dieu.

Désoler de le dire, mais nous devons nous apprécier les uns les autres dans notre diversités de dons. Nous devons nous réjouir que le Saint-Esprit utilise, qui IL veut. Cela peut être moi, cela peut être vous, toujours est-il que tout est pour la gloire de Jésus notre Seigneur. Nous devons l'accepter et nous serons un.

Car,

Jean 17 : 20-22 « *Ce n'est pas pour eux seulement que Je prie, mais encore pour ceux qui croiront en Moi par leur parole.*

Afin que tous soient un, comme Toi Père, Tu es en Moi, et comme Je suis en Toi, afin qu'eux aussi soient un en Nous, pour que le monde, croie que Tu M'as envoyé.

Je leur ai donné la gloire que Tu M'as donnée, afin qu'ils soient un comme Nous sommes un. » **Louis Segond**.

Et les dons spirituels font partie de cette gloire. Ils ne nous sont pas accordés pour nous diviser, ou déchirer entre nous. Mais pour nous compléter dans nos actions communes. Et donc, nous unir du fait, de notre besoin de l'autre.

Je me suis retrouvé certaines fois, avoir été obligé de refuser la bénédiction à certaines assemblées où je me suis vu prier, selon que le Seigneur Jésus m'en avait fait la grâce. Ceci parce que leurs Responsables pour la plupart, me méprisaient du fait soit de mon humilité, ou encore du calme que je laisse transparaitre en public. Ou encore, du fait de n'avoir pas la révélation de qui portait l'onction qui bénissait la multitude.

Et dans ce genre de cas, ma prière a toujours été la plus simple possible. Ne serons bénis au travers de mon onction, que ceux du peuple qui honoreront mon onction, par conséquent qui ne me mépriseront pas.

Pour les autres, ils recevront chacun d'eux du Seigneur Jésus, selon leur communion ou relation qu'ils entretiennent avec Lui. Et non plus par la grâce qui coule de ma tête. Par conséquent, ils se trouvent écarter de l'Alliance que j'ai avec Jésus, jusqu'à ce qu'ils sachent dirent : « *bénis soit celui qui vient au Nom du Seigneur* ».

Et donc, je ne leur ferme pas automatiquement le Ciel. Non ! Je les laisse récolter selon leur relation avec Jésus, et non plus au-travers de la relation que j'ai moi, avec le Seigneur Jésus.

C'est pourquoi, il est très important d'éviter ces guéguerres sans aucuns sens. Et s'éviter de blesser constamment et volontairement, une personne qui porte l'onction.

A partir d'aujourd'hui, j'encouragerai la compétence de mon frère ou de ma sœur. Et je me réjouirai de ses progrès ; car, ses progrès, sont ma réussite dans la vie. Je mangerai le fruit de sa consécration. Plus de raison de le/la jalousé.

NB : Pour comprendre ce que je venais de dire, il faut tout simplement considérer que dans l'Assemblée des saints, le Leader, ainsi que les Responsables sont oints.

Seulement l'onction sur la vie du Leader, peut ne pas être l'onction la plus supérieure au cours du Rassemblement. Et dans ce cas, si le Ciel doit visiter le lieu, le Ciel passera par, l'onction qui favorise le plus l'Assemblée.

Un exemple des plus simples. A supposer que nous recevions un grand homme de Dieu, dans un de nos programmes. Il est évident, que la salle ne sera pas couverte par l'onction de celui qui reçoit. Et que l'Alliance qui va prévaloir durant ces moments, c'est l'Alliance de cet homme avec le Seigneur Jésus. Cela ne sous-entend guère que les autres alliances n'existent plus ; seulement, il est question de favoriser le lieu de la grâce divine de Jésus notre Seigneur. Je crois que mon propos est des plus clairs.

! Très grosse parenthèse. Mais, que peut-on faire ? Il était important de faire le détour pour mieux saisir notre sujet. ☺ Revenons maintenant, sur notre sujet. ☺

LES TEMPS D'EVANGELISATION

Durant les Campagnes d'évangélisations, le chantre sera amené également à officier pendant un temps bien déterminé. A la différence d'un culte de célébration proprement dit, l'accent sera mis sur les cantiques à caractère évangélique. Notamment ce qui se rapprochent, de la Croix, du pardon du Père, du Nouveau départ ; de la repentance ou engagement à suivre Jésus, de la Victoire de Jésus sur le péché et la mort, sur la Vie éternelle.

Dans cette partie de l'office, le chantre ne doit pas s'écarter du but des temps ou des moments ; le caractère évangélique de la soirée ou de la séance.

Car, s'écarter de cela viendrait à stopper l'onction qui est déversée au lieu proprement dit. Evidemment, les cantiques chantés ne suivraient pas dans cette optique le chemin frayé par l'onction du Saint-Esprit en ce lieu.

I Jean 2 : 27 *Pour vous, l'Onction que vous avez reçue de Lui demeure en vous et vous n'avez pas besoin que l'on vous enseigne ces choses ; mais comme Son Onction vous enseigne toutes choses, et qu'Elle est véritable et qu'Elle n'est point un mensonge, demeurez en Lui selon les enseignements qu'Elle vous a donnés.* **Louis Segond**.

Parler d'évangéliste, suppose une onction tournée vers le salut des âmes. Une onction qui à coup sûr, permet et permettra toujours la naissance de nouvelles âmes dans la foi. Ce qui est totalement, différent de l'onction pastorale qui elle travaille dans l'affermissement des âmes. Et de l'onction d'enseignant, qui elle favorise la profondeur dans la vie de foi.

Pour revenir, sur l'intervention du chantre dans le cadre d'une évangélisation, sortir du domaine évangélique reviendrait à infirmer le service de l'Evangéliste partant des conversions possibles des âmes.

Les services ne doivent pas être confondus. Afin de nous éviter, toutes approximations, quant à un éventuel résultat.

Problème de croissance dans la louange

Il y a un danger dans la progression dans la Louange : celui consistant uniquement, à se réfugier dans la rubrique de la pitié. C'est-à-dire, la personne qui a toujours besoin d'assistance. Ce type de louanges ne favorise guère la croissance dans le couloir de chantre.

Car, elle ne valorise pas la Victoire de Jésus sur le monde, sur l'adversité. Je ne parle nullement de Louanges de consolations. Je fais allusions à certaines louanges qui n'inspirent que la pitié. Je n'interdis guère de les chanter. Mais, souligne le fait que nous ne devons pas nous recroqueviller que dans cette rubrique. Mais explorer toutes les facettes de la louange.

LA DIRECTION DU CHANT

Le répertoire

Il est important d'avoir un répertoire aussi varié que possible. Afin de bénéficier d'un large éventail de possibilité de direction du Saint-Esprit, durant l'office. Car, il va sans dire, qu'un répertoire très peu fourni, favorise la routine et donc, un air de déjà vu, qui devient à la longue rébarbatif. Et sans grand intérêt avec le temps, pour toute l'Assistance.

Disons que, le répertoire fourni du chantre à pour conséquence de lui permettre d'entrer, dans le monde de l'instantané. Car, le Saint-Esprit pourrait vouloir se déverser d'une certaine manière, et seulement certains cantiques pourraient favoriser cela. Et si le chantre, est fourni dans ce domaine, il va sans dire qu'il constitue alors un instrument de grâce entre les mains du Saint-Esprit et de notre Seigneur Jésus.

De ce fait, nous devons être en tant que chantre dans l'écoute de tous ce qu'il y a de nouveau dans notre couloir. Cela est très important ce que je dis. Tout en respectant son onction. ☺ ☺

Et lorsque je parle de respecter son onction, je sous-entends par-là, de veiller à rester dans le style que le Ciel vous a demandé de chanter. Car, sans cette discipline de votre part, l'onction ne coulerait pas, au regret de l'Assistance et surtout de notre Seigneur Jésus.

Le respect de l'onction est très indispensable, dans notre couloir de chantre, pour un service de qualité.

J'ai un défaut, peut-être que s'en est pas un. Mais, je ne sais pas louer ou adorer en style africain. Mais, j'ai pas reçu cette onction. De ce fait, je ne m'embarrasse pas à vouloir absolument faire comme les autres frères ayant reçu par la grâce de Dieu, cette onction. C'est simple comme « **bonjour** », quoique « **bonjour** » puisse être certaines fois difficile à prononcer. ☺

Voyons maintenant, les critères de sélection de cantiques. ☺

Les cantiques Spirituels

Nous l'avons dit au précédent livre sur L'adoration, que le choix du chantre que nous décidons de prendre comme modèle, nous introduis et introduira dans la dimension de grâce correspondant à son Alliance avec Jésus notre Seigneur. Ce qui a donc, pour conséquence de disqualifier plusieurs chants que je n'appellerai pas cantiques. Car, ces chants nous privent de la Présence de Jésus, agissante dans le lieu de notre office.

Alors qu'appelle-je donc cantiques ?

Tout chant qui, lorsque nous le chantions nous ramène ou nous amène dans la Présence de Jésus. Nous rend conscience de la réalité de la foi. Et nous conduis de ce fait, à vouloir y demeurer. C'est cela un cantique spirituel, agréé par Dieu notre très cher Père.

Colossiens 3 : 16 *Que la Parole de Christ habite parmi vous abondamment ; instruisez-vous les uns les autres en toute sagesse, par des psaumes, par des hymnes, par des cantiques spirituels, chantant à Dieu dans vos cœurs sous l'inspiration de la grâce.* **Louis Segond.**

Lorsque nous reprenons, notre bon vieux recueil de chants de Victoire, nous remarquons fort bien, la présence de l'onction du Saint-Esprit, toujours vivifiante et agréable et remplissant, les critères de chants transportant le Royaume des Cieux ; la réalité de notre foi.

Le chant de Victoire N° … garde toujours sa puissance de salut et ce malgré les siècles ou âges. Le choix est donc très important ; disons le repère sinon le modèle que nous aurons à suivre, pour une manifestation de la Présence du Saint-Esprit. Car, chaque cantique traduit la mentalité de son auteur. Et le chanter nous amène à être transformés en la même image, que l'auteur.

I Corinthiens 11 : 1 *Soyez mes imitateurs, comme je le suis moi-même de Christ.* **Louis Segond.**

Mais aussi, à chaque fois qu'un cantique monte en un lieu, il rappelle au souvenir de Dieu notre Père et de notre Seigneur Yeshua, l'adorateur qui l'a composé. Et tout comme, le souvenir de nos Patriarches Abraham, Isaac et Jacob, devant notre Père céleste, il ouvre toujours un lot de grâce, en la faveur du le Peuple.

Exode 2 : 24 *Dieu entendit leurs gémissements, et se souvint de Son Alliance avec Abraham, Isaac et Jacob…*

Dieu regarda les enfants d'Israël, et IL en eut compassion. **Louis Segond.**

Nous le comprenons aisément, lorsque nous savons apprécier les Alliances et les saisons de la vie. Cela tombe bien nous en parlerons brièvement, afin d'en saisir la portée de mes propos. ☺

LES SAISONS OU LE CALENDRIER DIVIN

Les Saisons

Chaque mouvement du Saint-Esprit (Le respect du Calendrier Divin), sur la Terre est accompagné d'une fraîche onction. Chaque saison de la Vie dans laquelle, Dieu notre Père fait rentrer Son Peuple est toujours suivit, ou accompagné d'une onction correspondante à la saison. Toute effusion du Saint-Esprit, sera toujours suivie de cantiques nouveaux traduisant parfaitement l'onction et la saison dans laquelle le Ciel nous fait entrer.

Il est important de le comprendre en tant que chantre ; pour en saisir l'intérêt du choix des cantiques. La saison dans laquelle passe l'Eglise doit être le repère du chantre afin de bénéficier des grâces ou de l'action du Saint-Esprit. Sans quoi, nous resterons étranger, sinon en dehors du plan du Seigneur Jésus dans nos vies ; voire dans l'Eglise.

Les Alliances des différents chantres, avec le Seigneur Jésus doivent, plus que jamais nous intéresser. Vous n'avez pas besoin, de les côtoyer au quotidien, pour en juger. Mais, à regarder au fruit, or, le fruit de l'adorateur est caractérisé par le cantique de Louange/Adoration qui sort de son cœur, à la gloire de notre Seigneur Jésus.

Matthieu 12 : 33 *ou dites que l'arbre est bon et que son fruit est bon, ou dites que l'arbre est mauvais et que son fruit est mauvais ; car on connait l'arbre par le fruit.* **Louis Segond**.

Jacques 1 : 17 *Toute grâce excellente et tout don parfait descendent d'en haut, du Père des lumières, chez lequel il n'y a ni changement ni ombre de variation.* **Louis Segond**.

C'est à la lumière de ces alliances, que vous pourrez également bénir par votre service de nombreuses vies. Car, en tant que chantre, vous ne devez pas être ignorant de ces vérités, mais vous en servir pour bénir la multitude, au travers de la grâce de Dieu notre Père et de notre Seigneur Jésus qui coule non seulement sur vous, mais aussi, sur vos autres frères et sœurs chantres.

Connaitre ces vérités vous permet de ne pas être surannée. Car, il vous faudra ne pas vous priver de cette grâce, de cette visitation Divine.

Imaginez-vous, alors que le Ciel soit déjà passé, à la Nouvelle Alliance avec Jésus notre Seigneur, que nous nous bornions à vouloir suivre les rites qu'exigeait la Loi de Moïse, pour obtenir le pardon et les faveurs de notre Père céleste. Nous serions dans ce cas dépassés et vieillots. Et priver de la faveur de Dieu, dans les temps actuels. En un mot, hors calendrier Divin.

Par conséquent, nous serions loin de satisfaire à la Volonté parfaite de notre Seigneur Jésus. Et aux exigences du Ciel, pour notre temps.

L'étude des différentes Alliances des chantres avec notre Seigneur Jésus, doit plus que jamais nous intéresser en tant que chantre. Et constitue quarante pour cent du Culte de Louange/Adoration. Alors du sérieux dans la tâche ! ☺

S'il est vrai que chaque génération, à des œuvres à produire, n'en demeure pas moins que seules les œuvres spirituelles seront admises ou appréciées par le Ciel.

Jean 3 : 6 *Ce qui est né de la chair est chair, ce qui est né de l'Esprit est esprit.* **Louis Segond**.

Aussi nous intéresserons-nous, aux œuvres des majeurs.

Œuvres de majeurs

Chaque génération à des œuvres à révéler et à établir, à la gloire de Jésus notre Seigneur. Mais, seul l'œuvre des Majeurs traverse le temps, les âges et les époques. Seuls ces œuvres sont réellement nécessaires et indispensable. Car, elles sont remplies de la Vie Zoé ; évidemment, en tant que majeur, il a grandi en Sagesse, en stature et en maturité devant Dieu et les hommes. De ce fait, son impact est considérable dans la vie de quiconque, recherche le Seigneur Jésus (Dieu) de tout son cœur.

Ses paroles, ses cantiques ainsi que ses œuvres ont un très grand impact dans sa génération. Car, ils sont tous saturés de l'onction, de l'Autorité Divine. Et répondent à un Mandat Divin.

Sommes-nous tous majeurs ?

Nous ne sommes guère majeurs du fait de drainer des foules. Mais parce que, Notre participation à la mission est indispensable à la croissance de l'Eglise entière ; du Corps de Christ, pas uniquement d'une Assemblée locale.

Psaumes 133 : 1-4 *Voici, oh ! Qu'il est agréable, qu'il est doux pour des frères de demeurer ensemble !*

C'est comme l'huile précieuse qui, répandu sur la tête, descend sur la barbe, sur la barbe d'Aaron, qui descend sur le bord de ses vêtements.

C'est comme la rosée de l'Hermon, qui descend sur les montagnes de Sion ; Car c'est là que l'Eternel envoie la Vie, pour l'éternité. **Louis Segond**.

Mais dans chaque pays, ou nation, se trouve un majeur. Et parmi tous les majeurs répandus sur la Terre se trouve, un majorant.

Matthieu 18 : 17-19 *Jésus, reprenant la parole, lui dit : Tu es heureux, Simon, fils de Jonas ; car ce ne sont pas la chair et le sang qui t'ont révélé cela, mais C'est Mon Père qui est dans les Cieux.*

Et Moi, Je te dis que tu es de Pierre, et que sur cette pierre Je bâtirai Mon Eglise, et que les portes du séjour des morts ne prévaudront point contre Elle.

Je te donnerai les clefs du Royaume des Cieux : Ce que tu lieras sur la Terre sera lié dans les Cieux, et ce que Tu délieras sur la Terre sera délié dans les Cieux. **Louis Segond**.

Pour comprendre vraiment cette notion, il faut savoir et accepter que tous n'êtes pas les Amis de Jésus. Certains parmi vous êtes Ses serviteurs. De ce fait, les privilèges d'une telle amitié, ils n'y ont pas nécessairement droit.

C'est le pourquoi, le Seigneur Jésus nous envoie dans des Assemblées locales, où nous avons la possibilité d'être au bénéfice de Sa grâce et de Ses privilèges ; du fait d'être sous une Alliance, qu'IL a avec un fils du Royaume des Cieux avec lequel, IL partage une amitié.

Pour revenir sur notre sujet, aussi longtemps que nous sommes sous ces Alliances, nous sommes réellement sous Sa grâce ; pourvu seulement que le majeur ne se corrompt pas.

Ainsi donc, nous avons saisi, je pense cette notion de majeur. Et pour revenir dessus, en ce qui concerne notre couloir de chantre, seuls les cantiques de majeurs ont un impact positif sur le peuple de Dieu. Reste maintenant pour vous, à les rechercher parmi la multitude de chantre que vous connaissez. ☺

LE CULTE

Nous avons vu des choses très intéressantes jusqu'ici. Et, il serait à présent, intéressant de commencer à définir, l'expression « Culte » avant de poursuivre dans les profondeurs de la révélation. Et de pouvoir en cerner, les objectifs visés par Dieu notre Père.

Car, il est évident qu'une notion mal comprise aura pour conséquence, une approximation dans le service, dans le « Culte » proprement dit. Il serait très intéressant d'en parler.

Alors qu'est-ce qu'un Culte ?

Selon l'analogie de la foi, un « Culte » est un moment particulier ; un cérémonial qui suit un protocole inspiré par le Saint-Esprit. Ce cérémonial et protocole, reposent sur la « Révérence » que l'on accorde à notre Seigneur Jésus. Et le caractère « Solennel » que représente les moments.

Par caractère solennel, on entend, un dispositif particulier dû à Son rang et mérite. Accompagné d'un niveau d'honneur sinon, de profond respect et d'admiration de Sa Personne.

Ce qui sous-entend, que tous les acteurs devant participer à un Culte, doivent avoir de la Révérence pour Dieu notre Père et notre Seigneur Jésus. Ils doivent se rapprocher de cela sinon tendre vers cela. Ils doivent couronner les moments par, une telle attitude vis-à-vis de Dieu notre Père et de notre Seigneur Jésus.

Sans quoi, le « Culte » gardera, un gout amer sinon insipide, ennuyeux dans le Ciel. Et ne saurait réjouir le cœur de notre tendre Père.

Malachie 1 : 6 « *Un fils honore son père, et un serviteur son maître. Si Je suis Père, où est l'honneur qui M'est dû ? Si Je suis Maître, où est la crainte qu'on a de Moi ? Dit l'Eternel des Armées à vous sacrificateurs, qui méprisez Mon Nom, et qui dites : en quoi avons-nous méprisé Ton Non ?* » **Louis Segond**.

Le Culte est associé à la Révérence envers notre Dieu et au caractère solennel que, nous donnons à ces moments. Il ne peut y avoir, de solennité envers notre Dieu que parce que, nous Le connaissons dans Son intimité, pour Lui rendre les hommages dû à Son rang et mérites. Il ne peut y avoir révérence, que parce que, nous Le respectons au préalable.

Proverbes 1 : 7 (a) « *La crainte de l'Eternel est le commencement de la Sagesse* ».**Scofield**.

Proverbes 1 : 7 (a) « *Le respect de Dieu est le début d'une vie droite* ». **Daniel**.

PS : Daniel à la suite de ce verset, signifie tout simplement que j'en suis l'auteur. De ce fait, vous ne trouverez pas cela dans une autre version de la Bible. Mais je crois également, être inspiré du Saint-Esprit. ☺

Il est très important de comprendre ces petites choses ou détails qui font et feront nécessairement la différence tout au long du service. Je dirai que cela est primordial avant toute sélection, d'un frère ou d'une sœur dans la foi à participer à un service de Culte. Nous ne disons pas qu'il ou elle soit sans reproche mais doit tendre vers cela par l'aide du Saint-Esprit.

Luc 1 : 5-6 « *Du temps d'Hérode, roi de Judée, il y avait un sacrificateur, nommé Zacharie, de la classe d'Abia ; sa femme était d'entre les filles d'Aaron, et s'appelait Elisabeth.*

Tous deux étaient justes devant Dieu, observant d'une manière irréprochable tous les commandements et toutes les ordonnances du Seigneur. **Louis Segond**.

Ils doivent aimer la discipline du Saint-Esprit. Et s'y plaire. C'est le seul moyen de tirer le meilleur des adorateurs qui composent le département, ou le groupe de Louange/Adoration. Auquel des cas, ils seraient des ennemis de Dieu qui s'opposent à sa volonté.

Galates 5 : 17 « *Car la chair a des désirs contraires à ceux de l'Esprit, et l'Esprit en a de contraires à ceux de la chair ; ils sont opposés entre eux, afin que vous ne fassiez point ce que vous voudriez.* » **Louis Segond**.

La discipline de l'Esprit doit nous accompagner tous, pour pouvoir tirer le meilleur de chaque adorateur que nous sommes. ☺ ☺

LE PROTOCOLE

Un temps de louange ou de prière à la maison, ne suit pas toujours un protocole particulier car, il s'appuie généralement sinon, principalement sur la « **Communion du Saint-Esprit** » ; l'amitié que vous aurez pu développer avec le Saint-Esprit.

Il en est autrement, en ce qui concerne un rassemblement de saints. Le protocole doit faire son entrée, il doit trouver sa place, afin de donner au moment « **un caractère Sacré et Divin** ». Sacré étant mis pour des plus importants. Et Divin lui pour signifier qu'il est question de satisfaire aux exigences spirituelles de Dieu notre Père. L'attitude du Sacré et du Divin, ne doivent pas perdre de leur influence tout au long du Culte.

La Présence de Dieu se devant d'être respectée, dans le lieu où le Nom de Jésus est invoqué. Principalement par les ministres du Culte ; ce qui aura pour conséquence de dicter la conduite au reste de la multitude.

Hébreux 9 : 23 « *Il était donc nécessaire, puisque les images des choses qui sont dans les Cieux devaient être purifiées de cette manière, que les choses célestes elles-mêmes le fussent par des sacrifices plus excellents que ceux-là.* » **Louis Segond**.

Le Protocole garantit des débordements, de copinage, qui eux, ont pour conséquence fâcheuse, d'instaurer le libre arbitre ; le laisser cours, à toute écart de révérence en l'honneur de notre Dieu. Et de faire perdre, à nos rencontres le « **Caractère Sacré et Divin** » qui doivent toujours les accompagnés.

Ce n'est pas une option, que de l'imposer au sein du département chantre. C'est une nécessité, qui doit dicter les rapports entre les adorateurs au sein même, du lieu de Culte.

Parvenir à l'instaurer très tôt, ou à le rétablir est une victoire dans le progrès du groupe de Louange/Adoration ; partant de l'Eglise.

En effet,

Romains 11 : 16 « *Or si les prémices sont saintes, la masse l'est aussi ; et si la racine est sainte, les branches le sont aussi.* » **Louis Segond**.

Le respect du protocole au sein de l'Eglise est nécessaire et important. Non pas pour abuser sur ses frères et sœurs, mais pour couronner, nos rencontres du Caractère Sacré et Divin ; propice à la manifestation glorieuse et remarquable du Saint-Esprit.

Actes 2 : 42-43 « *Ils persévéraient dans l'enseignement des apôtres, dans la communion fraternelle, dans la fraction du pain, et dans les prières.*

La Crainte s'emparait de chacun, et il se faisait beaucoup de prodiges et de miracles par les apôtres. » **Louis Segond**.

La Crainte (de Dieu) ⟶ Le respect, la révérence (Le caractère Sacré et Divin des moments).

C'est ce dont nous avons besoin, dans un premier temps : réinstaurer ce respect du « Sacré et du Divin » dans nos départements chantres. Nous devons cesser de considérer de manière péjorative, le protocole dans nos assemblées. Mais, nous devons faire la différence entre le protocole, et l'abus d'autorité qui sont deux notions différentes. Afin de ne pas, s'insurger contre l'une et la confondre à l'autre.

Nous devons redonner au protocole sa place dans l'Eglise, dans les rassemblements des saints. Ainsi, serons-nous certains de retrouver le Caractère Sacré et Divin, nécessaire à une effusion plus grande du Saint-Esprit dans l'Eglise.

Car, il va sans dire que nos réunions ont perdu, ce « ***caractère Divin et Sacré*** », que nous pourrons retrouver par la réinstauration du protocole. Ce qui sans contredit, permettra à chacun, sinon à l'assistance de considérer et de voir comme un Lieu saint et Sacré, le Lieu de la tenue du Culte de Louange/Adoration.

Une victoire ô combien importante sur le diable et son royaume, qui sont parvenus à nous faire, banaliser la Présence même de notre Seigneur Jésus, en faisant perdre à nos réunions leur « **Caractère Sacré et Divin** ». Ils sont parvenus à encrer dans nos pensées que ces moments ne sont que de simple rencontres et retrouvailles ; car nous avons perdu la notion du « ***Sacré et du Divin*** » dans nos réunions.

Nous devons la retrouver en réinstaurant le Protocole au milieu de nous dans l'église francophone.

LA LIMITE DU PROTOCOLE

Si le protocole vise à ramener « le Sacré et le Divin » dans nos réunions, ou encore à veiller à le maintenir, n'en demeure pas moins, qu'il y a une limite au protocole.

La limite au protocole, restant l'inspiration du Saint-Esprit.

Il est très important de le comprendre et d'en saisir l'importance d'une entrée en scène du Saint-Esprit ; qui viendrait briser, sinon annuler toute une préparation.

Si pareille chose devait se produire, cela signifierait que poursuivre dans le protocole, ne serait guère un Culte agréable à Dieu notre Père. Car, nous aurons stoppé une visitation divine, juste pour un respect d'étape de Culte, que Dieu notre Père n'aurait pas jugé utile ; et se serait bien passé précisément ce jour-là.

C'est le pourquoi, nous devons progresser dans notre sensibilité spirituelle ; à reconnaitre la Voix du Saint-Esprit. La foi en Jésus notre Seigneur n'ayant, rien de mécanique. Elle repose sur le fait d'entendre Sa voix et de suivre, sinon obéir à Ses instructions.

J'insiste là-dessus, la limite du protocole (étapes prévus du Culte) reste, l'inspiration du Saint-Esprit. Et j'irai à ajouter ceci, si l'inspiration dérange certaines fois, dans l'organisation, c'est tout simplement, du au fait, que ce ne soit pas toujours le Responsable premier qui l'a, ou encore le leader, pour utiliser un terme qui nous est propre. De ce fait, il apparait sur scène inconvenable que ce soit, une tierce personne qui puisse modifier, tout un programme de Culte. Mais laissons-là, les considérations purement humaines. La question à se poser est la suivante : *Est-ce le Saint-Esprit qui est à l'œuvre, oui ou non ?*

Si oui, pourquoi s'offusquer ? A moins que nous ne cherchions uniquement la gloriole des hommes.

Toujours est-il que, si nous prêtons attention à ce changement de programme du Saint-Esprit, nous aurons à gagner plus, que la frustration d'un service terne. C'est pourquoi, je le répète : « ***La limite du protocole reste l'inspiration du Saint-Esprit*** ».

L'ONCTION

Nous ne rentrerons pas, dans tous les sens sur ce sujet, nous essaierons de comprendre des points bien précis. Afin de nous permettre d'apprécier certains faits, et nous positionner selon notre onction.

Réveil les esprits

2 Rois 3 : 15« *Maintenant, amenez-moi un joueur de harpe. Et comme le joueur de harpe jouait, la main de l'Eternel fut sur Elisée* ». **Louis Segond**.

L'une des particularités sur lesquelles nous voulons nous appesantir est celle selon laquelle, l'onction réveil les esprits.

Il est possible de chanter un cantique. Il est possible de répéter jusqu'à atteindre une certaine perfection, personnellement, j'ai le gout des choses bien faites. Et je sais que je le tiens de Jésus mon Seigneur. Mais, la perfection musicale n'est pas suffisante pour répondre à la soif des cœurs ; à la soif des esprits.

L'esprit humain est motivé, par l'onction. Comment expliquer cela ? La Parole s'accompagne toujours de l'onction. Et les esprits humains répondront toujours présents, à la Parole accompagnée de l'onction du Saint-Esprit.

Or comme nous le disions dans Je veux Te louer ou l'Ere des vrais Adorateurs, les cantiques de louanges/Adorations représentent la Parole, mis sous un air mélodieux. Mais, leur impact sur la vie du Peuple de Dieu (Jésus) est dépendant, de l'onction sur la vie du chantre.

Et seulement, cet appel au ministère de chantre accompagné de l'onction du Saint-Esprit, bien évidemment d'une vie sainte, qualifie le chantre à exercer en tant que Leader (conducteur) dans le domaine (…).

Il y a néanmoins un petit bémol que nous ne manquerons pas, d'expliquer.

Particularité :

Chaque chantre à une spécificité. Bien qu'étant chantre nous ne pouvons avoir les mêmes résultats dans les diverses sollicitations que nous ouvre le ministère de chantre. Il y a des chantres qui chantent la gloire de Jésus. Il y en a d'autres qui sont pour l'évangélisation par le chant. Il y en a encore d'autres qui sont spécialement dans l'Adoration etc... Ce qui sous-entend, que bien que voulant s'inscrire dans le domaine de l'évangélisation par le chant, l'onction ne coulerait pas. Non pas que l'initiative n'est pas louable. Mais la grâce dans ce compartiment des adorateurs n'y est pas.

Je me suis essayé dans plusieurs couloirs correspondant à la louange et Adoration, pour en comprendre le fonctionnement. J'ai vite fait de comprendre qu'il n'y a aucun impact dans la vie du Peuple au sortir de ces temps, où je suis à l'opposé de la grâce que j'ai reçu : de l'onction qui coule dans ma vie.

Car, l'onction tout comme les dons spirituels est un investissement du Royaume des Cieux, dans la vie d'un frère ou de l'Eglise, en vue de satisfaire à certaines situations précises (Problèmes dans la vie de l'Eglise ou du Peuple). Il est donc très important, de savoir qu'elle onction coule en vous pour en donner la pleine mesure, selon la grâce qui vous ait accordée.

Découvrir cette grâce, ou onction aura pour conséquence de vous faciliter le ministère. De vous alléger dans cet exercice, car se ne sera pas vous qui agirez, mais le Saint-Esprit par vous.

Matthieu 11 : 29 « *Prenez Mon joug sur vous et recevez mes instructions, car Je suis doux et humble de cœur, et vous trouverez du repos pour vos âmes.* »**Louis Segond**.

Et qui parle de Culte sur la Terre, parle d'agencer les choses visibles aux choses invisibles. De permettre au Royaume des Cieux, de s'établir, d'intervenir dans le quotidien de l'Eglise. De permettre l'unité entre l'Eglise et le Royaume des Cieux ; de ne former qu'un en Esprit. C'est-à-dire, avoir les mêmes buts, poursuivre les mêmes intérêts. Et avancer d'un même pas, et à la même vitesse. En d'autres mots, satisfaire aux exigences du Ciel.

I Corinthiens 6 : 17 « *Mais celui qui s'attache au Seigneur est avec Lui un seul et même esprit.* » **Louis Segond**.

Un culte mal agencé, qui ne suit pas l'inspiration divine ; du Saint-Esprit, ne saurait être en bénédiction au peuple. Mais, un handicap à l'action du Ciel, vis-à-vis de cette assemblée et vis-à-vis de ce peuple.

Genèse 15 : 7-13« *L'Eternel lui dit encore : Je suis l'Eternel, qui t'ai fait sortir d'Ur en Chaldée, pour te donner en possession ce pays.*

Abram répondit : Seigneur Eternel, à quoi connaitrais-je que je le posséderai ? Et l'Eternel lui dit : Prends une génisse de trois ans, une chèvre de trois ans, un bélier de trois ans, une tourterelle et une jeune colombe.

Abram prit tous ces animaux, les coupa par le milieu, et mit chaque morceau l'un vis-à-vis de l'autre ; mais il ne partagea point les oiseaux.

Les oiseaux de proie s'abattirent sur les cadavres ; et Abram les chassa.

Au coucher du soleil, un profond sommeil tomba sur Abram ; et voici, une frayeur et une grande obscurité vinrent l'assaillir.

Et l'Eternel dit à Abram : Sache que tes descendants seront étrangers dans un pays qui ne sera point à eux ; ils y seront asservis, et on les opprimera pendant quatre cents ans ». **Louis Segond**.

Lorsqu'on parle de l'Eglise, on sous-entend l'ensemble des fidèles, du peuple de notre Seigneur Jésus.

BON A SAVOIR

LA CROISSANCE DANS L'ONCTION

La croissance dans l'onction est la résultante, d'une promotion pour fidélité dans la marche avec Jésus notre Seigneur. Elle est une satisfaction du Ciel, sur le compte rendu des opérations menées par … Et qui pousse donc, le Ciel à un déploiement plus grand, du fait de la confiance qui s'est installée entre le Ciel et le serviteur, ou le fils du Royaume des Cieux.

Le Ciel peut s'engager à investir une onction dans la vie, d'un frère ou une sœur en Jésus-Christ, seulement, la croissance dépendra d'une fidélité à toutes épreuves. C'est le cas de Saül où le manque de fidélité a fait cesser la croissance de l'onction dans sa vie.

I Samuel 10 : 1 *Samuel prit une fiole d'huile, qu'il répandit sur la tête de Saül. Il le baisa, et dit : l'Eternel ne t'a-t-il pas oint pour que tu sois le chef de Son héritage.* **Louis Segond**.

II Samuel 1 : 21 *Montagne de Guilboa ! Qu'il n'y ait sur vous ni rosée ni pluie, ni champs qui donnent des prémices pour les offrandes ! Car là ont été jetés les boucliers des héros, le bouclier de Saül ; l'huile a cessé de les oindre.* **Louis Segond**.

Le résultat de la croissance dans l'onction, se fait remarquer par une influence ou un impact, toujours grandissant et puissant.

Cette distinction particulière, a un niveau élevé ne sera possible qu'en réponse à une foi épurée, éprouvée par le feu.

Cela n'a rien à voir avec le fait d'être uniquement oint. On peut être oint de Saint-Esprit et de feu. Mais, la croissance dans l'onction sera toujours dépendante de la satisfaction du Ciel, à la fiche de route donnée à tel ou tel serviteur de Jésus. ☺

LE CHANTRE ET L'ASSEMBLEE DES SAINTS

Nous avons pratiquement ou entièrement mis l'accent, sur le chantre et son ministère tout au long de notre livre. Nous voulons étudier cette fois-ci, la relation qui lie le chantre à l'Assemblée des Saints. Car, s'il y a ministère c'est qu'il s'exerce en présence de Jésus et de l'Assemblée des Saints.

Le chantre un Pédagogue

Le chantre reste avant tout un pédagogue, qui se doit de savoir introduire et concerner toute l'assistance à son service. Et c'est par lui que le Saint-Esprit définit le niveau d'Adoration de l'Eglise. C'est-à-dire la progression du Corps ; de l'Eglise, le niveau spirituel auquel l'Assemblée des saints doit tendre.

Et pour atteindre cet objectif, il se doit d'être pédagogue.

Pourquoi ?

Car, avec tout ce que nous avons partagé depuis le début de ce livre, jusqu'à présent, cela ferait trop de notion à vouloir imposer, ou établir dans l'Assemblée. C'est pourquoi, bien qu'ayant repéré les domaines ou les points sur lesquels le Saint-Esprit nous interpelle en tant que responsable ou chantre, nous devons savoir que nous devons tenir compte du Peuple sur certains points.

Une séparation brusque et brutale avec les anciens répertoires, peut être très difficile à digérer. L'Assemblée étant habituée à un certains rythme, se trouverait être évasive, au cours d'un changement brusque. C'est pourquoi tout cela se doit d'être progressive ; lorsque l'Assemblée passe d'un style de louange à un autre totalement différent.

Ce que je pourrais ajouter, sur le sujet est que vous ne devrez pas craindre, de chanter des cantiques nouveaux totalement différents de ce qui sont chantés habituellement dans votre assemblée ; différents dans le style. Mais, vous devez les introduire progressivement dans vos cultes de louanges/Adorations pour, pouvoir établir la Volonté du Seigneur Jésus dans votre Assemblée. Sachant bien évidemment que vous avez reçu, la direction du Saint-Esprit de le faire.

Ce que je dis est très important au risque, malgré la grâce et la direction de ne pas être satisfait du service du Culte ; et de la participation de tous.

N'oubliez pas le chantre est un pédagogue. ☺

L'onction Corporative

J'ai faillit oublier cela. ☺

Nous avons fait mention plus haut, que le chantre dans l'Assemblée, lorsqu'il a atteint le niveau spirituel de maturité qui sied, demeure comme le niveau à atteindre ou auquel les adorateurs de Jésus doivent se rapprocher, en ce qui concerne l'intimité ou l'amitié avec notre Seigneur et Maître.

Si l'équipement du chantre reste le gros de la réussite des moments, il ne faudrait pas oublier le rôle à jouer également par l'ensemble des saints présents dans ledit lieu. Ce qui nous conduit à parler aisément de l'onction corporative.

L'onction corporative qu'est-ce que c'est ?

L'onction corporative représente, la manifestation de la puissance du Saint-Esprit dans un rassemblement des saints en un lieu.

Actes 2 : 41-43 *Ceux qui acceptèrent sa parole furent baptisés ; et, en ce jour-là, le nombre des disciples s'augmenta d'environ trois mille âmes.*

Ils persévéraient dans l'enseignement des apôtres, dans la communion fraternelle, dans la fraction du pain, et dans les prières.

La crainte s'emparait de chacun, dans le même lieu, et ils avaient tout en commun. **Louis Segond**.

Pourquoi, une différence de manifestation du Saint-Esprit d'un lieu à un autre ?

La différence de manifestation s'explique par, le niveau moyen de maturité spirituelle de l'Assemblée des saints dans ledit lieu. C'est-à-dire, si l'Assemblée présente tend vers le Sacré et le divin en ce lieu. Mais aussi, si l'ensemble des saints a pour la plupart, l'expérience d'une vie juste et sainte.

Lorsque plus de la moitié des personnes, sinon, de l'Assistance tend vers cela, on assiste alors à une effusion du Saint-Esprit proportionnellement au niveau de soif, des cœurs de l'assistance présente en ce dit lieu. Ainsi, une assemblée d'enfants spirituels ne produit pas grand-chose. A contrario, une Assemblée de fils ou de Père dans la foi, le résultat serait totalement différent.

Actes 1 : 4 *Comme IL se trouvait avec eux, IL leur recommanda de ne pas s'éloigner de Jérusalem, mais d'attendre ce que le Père avait promis, ce que Je vous ai annoncé, leur dit-il.* **Louis Segond**.

La réussite du Culte n'est donc possible dans le fond, que par une parfaite relation entre le Saint-Esprit ⟹ le chantre ⟹ et l'Assemblée des saints. D'où le fait, que je dise dès le départ, que le chantre se devait d'être un bon pédagogue, pour être cette courroie de transmission entre le Ciel et la Terre. Et de ce fait, accomplir parfaitement son service.

Un culte n'est pas uniquement le propre d'une minorité de frères et de sœurs. Il est le combiné du Saint-Esprit, du chantre et des saints. C'est la condition sine qua non, pour des effusions du Saint-Esprit.

Donc, à chacun sa responsabilité. ☺

Il y a quelque chose de formidable, lorsque les saints sont réunis en un lieu. Il y a quelque chose de formidable, lorsque, en esprit et en vérité ils adorent le Seigneur Jésus.

En réalité et en vérité, la louange ou l'Adoration que notre Père céleste aime est celle provenant de l'esprit humain et non, de notre âme. J'y ai eu la grâce de pouvoir en vivre et plonger mon regard dessus. C'est vraiment incroyable de voir toute une Assemblée de saints, adorant le Père au travers de leurs esprits. Quelle beauté ! Quelle puissance ! Rien de comparable spirituellement ! C'est vraiment magnifique ! Et cela est l'association de l'ensemble des adorateurs présents dans ledit lieu.

Des temps comme cela, j'y soupire tous les jours. Je les désire tant ! Mais, je sais que je ne puis tout seul remplir la condition nécessaire pour les vivre. Il faudrait une Eglise mature, ayant le cœur et les regards fixés sur Jésus, pour nous permettre à tous de les vivre. Une croissance de l'Eglise entière de l'ensemble des adorateurs est primordiale. C'est cela la part que chacun de nous, devrions jouer, peut importe le ministère qu'est le nôtre dans l'Eglise de Yeshua Ha Mashia, notre Seigneur, nous devons tous faire cet effort de croissance, pour vivre le Ciel sur la Terre, au travers de la Louange et de l'Adoration. ☺

LE PSALMISTE

Le psalmiste est la dimension la plus élevée dans le domaine de la louange et de l'Adoration. En ce sens qu'il est question des pères dans le domaine, de la louange et Adoration. Des hommes ou femmes d'expériences, ayant appris de leurs difficultés à aimer Jésus leur Seigneur. Et en sont devenus des sources d'inspirations, et de motivations pour des générations présentes et avenirs.

Bien qu'étant un psalmiste, je dirai … que nous notons des catégories différentes dans cette branche, particulière du chantre. Notamment celles traitant de : la Consolation, du Combat, de la Puissance de notre Dieu et de Sa Majesté (Sa grandeur, la grandeur de Son Nom) etc...

La plume du psalmiste relève de son vécu, de son quotidien. Il a donc tour à tour eu part, à la Consolation du Saint-Esprit, vécu des combats, expérimentez la Puissance divine et contemplez la Majesté de Jésus. C'est ce qui explique que ses paroles soient accompagnées de la puissance de la Consolation, de la puissance de fortifier dans l'épreuve, de la puissance de délivrer sinon libérer les captifs, de la puissance de passionner ceux de sa génération à suivre son Dieu (Jésus-Christ), par les exploits qui y sont mentionnés.

Psaumes 37 : 25 « *J'étais jeune j'ai vieilli j'ai jamais ; Et je n'ai point vu le juste abandonné, Ni sa postérité mendiant son pain.* » **Louis Segond**. (Fortification dans l'épreuve).

Psaumes 78 : 3-4 *« Ce que nous avons entendu, ce que nous savons, ce que nos pères nous ont raconté,*

Nous ne le cacherons point à leurs enfants ; Nous dirons à la génération future les louanges de l'Eternel, Et Sa puissance, et les prodiges qu'IL a opéré. » **Louis Segond**. (Passion)

Le Psalmiste est un père spirituel, pour de nombreuses générations. Une source d'inspiration qui dépasse les âges et les siècles.

CONCLUSION

Ce fut encore pour moi, un honneur et un plaisir de vous aider dans votre ministère de chantre, ou d'adorateur.

Vraiment ce qui réjouit pleinement mon cœur est de savoir que je suis entre les mains du Divin Potier, un instrument à la gloire de Jésus mon Seigneur. Et que je participe à Son avènement.

Vivement que vos ministères connaissent la croissance spirituelle, à laquelle vous soupirez tant, et que notre Dieu désire tant pour vous.

Que le Saint-Esprit, l'Ami fidèle, le parfait Enseignant puisse parfaire cet enseignement dans votre vie, et dans votre ministère, pour la gloire de Jésus notre Seigneur, qui est béni éternellement.

Amen.

REMERCIEMENT

C'est l'occasion pour moi de rendre grâce à Dieu notre Père, pour Sa bienveillance dans ma vie, Son Amour et Sa fidélité.

Je voudrais Lui rendre grâce pour le modèle du chantre qu'IL a mit devant moi : « **Terry Macalmon** » qui m'a montré qu'il était possible de connaître Jésus et de L'aimer de tout son cœur.

C'est l'occasion pour moi, de Le remercier pour **Lydie Sandra Bignoumba**, qui reste une vrai compagne et qui croit en la grâce du Seigneur Jésus sur ma vie. Quoique parfois, elle passe son temps à me tirer les oreilles. ☺

C'est l'occasion également pour moi, de rendre grâce à Dieu notre Père, pour ces rares frères et sœurs qui croient en moi et me soutiennent dans l'œuvre à laquelle j'ai été appelé.

C'est l'occasion pour moi, de rendre grâce à Jésus mon Seigneur pour la Croix ; l'amour qu'IL a dû déployer pour me racheter du présent siècle mauvais, pour Son Nom, Son Esprit et Ses paroles.

C'est l'occasion pour moi, de rendre grâce, au Saint-Esprit, à L'Amen de Dieu. Celui qui rend possible toutes choses, Celui qui amène à la réalisation les paroles saintes sorties du Trône de la grâce. Et qui nous parfaits pour le Retour de Jésus notre Chef.

Merci Saint-Esprit, Merci Jésus, Merci Père. A jamais, je Te porte et Te porterai dans mon cœur. Ton ami Daniel.

TABLE DES MATIERES

Avant-propos ....Page 2

La Pensée de l'Eternité ....Pages 3-4

La Gloire de Dieu ....Pages 5-6

Le Mystère derrière la Louange et l'Adoration ....Pages 7-8

Le Prix de la Consécration .... Pages 9-10

LOUANGE DE L'AME ET DE L'ESPRIT

La Louange de l'âme ....Pages 11-12

La Louange de l'Esprit ....Pages 13-14

La Direction du Chant ....Pages 15-16

ATMOSPHERE DU CULTE

Culte ou Atmosphère de Célébration ....Pages 17-18

Culte ou Atmosphère de Gloire ....Pages 18-19

Culte ou Atmosphère d'Adoration ....Pages 19-20

Autres sollicitations du chantre ....Pages 20-24

Temps d'Evangélisation ....Page 24

Problème de croissance dans la louange ....Pages 24-25

LA DIRECTION DU CHANT

Le répertoire ....Page 26

Les Cantiques spirituels .... Pages 26-27

LES SAISONS OU LE CALENDRIER DIVIN

Les saisons ....Pages 28-29

Les œuvres des Majeurs .... Page 29-30

Le Culte ....Pages 31-32

Le Protocole ....Pages 33-34

La limite du Protocole ....Pages 35

L'ONCTION

Réveil les esprits………………………………..........................….Pages 36-38

BON A SAVOIR

La croissance dans l'Onction …………………………...................Pages 38

LE CHANTRE ET L'ASSEMBLEE DES SAINTS

Le chantre un pédagogue ………………………………......…..Page 39

L'onction corporative ………………………………………...Pages 40-41

Le Psalmiste ………………………………………………..Pages 41-42

Conclusion ………………………………………......……… Page 43

Remerciement ………………………………………......… Page 44

Du même auteur aux Editions Croix du Salut

- Le Jeu ou au cœur de la Tentation
- Je veux Te louer Jésus ou l'Ere des vrais Adorateurs
- Je veux T'Adorer Jésus ou l'Ere des vrais Adorateurs
- L'Eglise ou Je veux Te servir Jésus.
- Gouverner ou l'Art de Gouverner
- Ministère ou Suis-je réellement sage ?
- Provision Divine ou la Pluie du Saint-Esprit
- Bataille Spirituelle ou l'Art du Combat Spirituel I
- Bataille Spirituelle ou l'Art du Combat Spirituel II
- Gouverner ou l'Art de Gouverner II
- Psaumes de Daniel

Printed by Books on Demand GmbH, Norderstedt / Germany